LES

DEUX ÉLECTEURS

Royalistes.

PARIS, IMPRIMERIE DE POUSSIELGUE-RUSAND,
rue de Sèvres, n. 2.

LES
DEUX ÉLECTEURS
Royalistes.

A PARIS,

A LA LIBRAIRIE DE RUSAND ET CIE,

rue du Pot-de-Fer Saint-Sulpice, n. 8.

ET CHEZ TOUS LES MARCHANDS DE NOUVEAUTÉS.

1830.

LES DEUX ÉLECTEURS ROYALISTES.

LE COMTE DUCASTEL *encore endormi.*

Qui vient me réveiller si matin ?

FRANCOEUR.

C'est votre ami, c'est moi qui ai déjà fait cinq grandes lieues pour venir jusqu'ici. Allons, alsons, disposez-vous, mon cher comte ; je vous emmène.

LE COMTE *un peu moins endormi.*

Où donc aller ?

FRANCOEUR.

La belle demande ! au collége électoral. Songez, monsieur le comte, songez qu'où nous en sommes, un vote de plus peut être d'un grand poids dans la balance de nos destinées. Nous n'avons pas un moment à perdre. Venez, hâtons-nous.

LE COMTE *se réveillant tout à fait.*

Ai-je les yeux bien ouverts ? Hé quoi ! c'est vous, mon cher Francœur ! On vous disait gravement malade.

FRANCOEUR.

En effet, je l'étais si gravement que le méde-
cin m'avait condamné. Mais il en est un autre
qui fait des miracles ; l'amour du pays m'a dit
au fond du cœur : il est un saint devoir à rem-
plir ; lève-toi. Aussitôt sortant de mon lit de dou-
leurs, j'ai crié *vive le Roi!* et je me suis trouvé
guéri.

LE COMTE.

Vous quittez ainsi votre habitation ?

FRANCOEUR.

Il le faut bien. Je ne puis à la fois y rester et
me trouver aux élections.

LE COMTE.

Votre propriété est donc assurée ?

FRANCOEUR.

L'événement prouve que j'aurais bien dû
prendre cette précaution : au moment où j'allais
partir le feu a pris à mes granges.

LE COMTE.

Et vous êtes venu ?

FRANCOEUR.

J'ai ordonné qu'on interceptât toute commu-
nication entre mon logis et les bâtimens atteints
par la flamme, et j'ai monté à cheval.

LE COMTE.

Cette flamme-là ne vous a pas déconcerté ?

FRANCOEUR.

C'était peut-être son dessein ; mais je lui ai

dit : Luis, luis; il fait jour à peine, sois mon fa-
nal sur le chemin qui conduit à la ville où je
vais voter contre toi.

LE COMTE.

Quelle stoïque indifférence pour une propriété, seul héritage d'un fils que vous aimez
tant !

FRANCOEUR.

Il m'aurait approuvé, s'il eût été là.

LE COMTE.

Il est donc absent ?

FRANCOEUR.

Ce digne fils est parti de son côté pour rem-
plir un devoir. Grand Dieu ! fais qu'au moment
où je mettrai mon bulletin dans l'urne, mon fils
monte le premier à l'assaut.

LE COMTE.

De quel assaut parlez-vous ?

FRANCOEUR.

De celui qui doit nous livrer Alger.

LE COMTE.

Mon filleul ?...

FRANCOEUR.

Fait partie de l'expédition en qualité de vo-
lontaire.

LE COMTE.

Mais c'est votre fils unique !

FRANCOEUR *laissant échapper quelques larmes.*
Je le sais bien.

LE COMTE.

Un fils si jeune! un fils unique!

FRANCOEUR.

Ami cruel! vous me l'avez déjà dit.

LE COMTE.

Tant de dévouement dans une famille de simples bourgeois! c'est vraiment héroïque. Vous êtes bien digne d'être anobli, et je suis toujours étonné que, donnant depuis si long-temps d'aussi grandes preuves de zèle, vous n'ayez jusqu'à présent reçu aucune récompense.

FRANCOEUR.

En agissant dans l'intérêt du Roi et de la France j'agis dans mon propre intérêt, et puisque je me rends service à moi-même pourquoi me récompenserait-on? Mais n'oublions pas qu'aujourd'hui il est aussi un service que vous devez indispensablement vous rendre. Vous quittez la couche, c'est bon signe. Mais quoi! la robe de chambre? Ce n'est guère là un habit de voyage. Vous boitez, ce me semble.

LE COMTE.

Ce matin ma goutte me fait horriblement souffrir.

FRANCOEUR.

La course la dissipera.

LE COMTE.

On court peu à mon âge.

FRANCOEUR.

Que dites-vous donc? Vous n'êtes mon aîné que de deux ou trois ans.

LE COMTE *se dirigeant vers la fenêtre.*

La matinée paraît assez belle, mais...

FRANCOEUR.

Que regardez-vous?

LE COMTE.

De quel côté vient le vent. Le temps peut changer, et l'air humide m'est tout à fait contraire. Tenez, voyez; le baromètre est à la pluie.

FRANCOEUR.

Il en est un autre qui est à l'orage; prenez-y garde.

LE COMTE.

Vous le savez, dès qu'il a plu les chemins qui conduisent au chef-lieu de l'arrondissement sont affreux.

FRANCOEUR.

Moins que ceux qui remènent à l'exil.

LE COMTE.

Enfoncée dans les ornières ma voiture resterait en route, et ce n'est pas là que je puis voter.

FRANCOEUR.

Mettez-y quatre chevaux.

LE COMTE.

Je n'en ai que trois; encore les deux meilleurs, ceux qui m'ont amené hier de Paris, sont-ils excédés de fatigue. Voulez-vous que pour se refaire ils aillent trottant vers le collége d'arrondissement comme s'ils étaient électeurs ?

FRANCOEUR.

Ah ! s'ils l'étaient, ils se seraient déjà mis en route pour le chef-lieu. Les chevaux de M. le comte Ducastel, qui doivent bien se douter d'où leur vient une copieuse avoine, se feraient un devoir de s'y rendre au galop.

LE COMTE.

Vous me croyez donc moins reconnaissant que mes chevaux ? Croyez, mon cher, qu'entre Charles X et moi c'est à la vie et à la mort.

FRANCOEUR.

Quand l'air n'est pas humide.

LE COMTE.

S'il faut vous parler franchement, je me sens encore d'une complexion assez forte pour risquer le voyage; mais je ne voudrais donner mon suffrage que dans le sens le plus utile à la monarchie, et voilà l'embarras. Pour qui voter ?

FRANCOEUR.

Pour le candidat que le Roi désigne au choix des électeurs dans la personne du président du collége.

LE COMTE.

Fort bien; mais le président du collége, qui l'a désigné au Roi ? le ministère; et le ministère...

au moins si sa composition était telle qu'auparavant. A Paris, d'où j'arrive, écoutez même certaines gens de cour. « Quel amalgame! se dit-on. Pour guérir l'état malade une once de *déplorable* sur quatre d'*incompatible* avec infusion de deux simples, dont rien encore n'a constaté la propriété curative; la belle mixtion! »

FRANCOEUR.

Et vous approuvez de pareilles facéties! Les temps sont graves, monsieur le comte. Quelque absurdes qu'elles soient, les railleries, en affaiblissant à la longue l'autorité d'un ministre, ajoutent aux embarras de son administration; et quand c'est sur des charbons ardens qu'il médite le salut de l'état, sied-il à des serviteurs de Guatimozin de souffler sur le brasier où s'offre en sacrifice le conseiller de sa couronne?

LE COMTE.

Ce n'est pas moi qui augmente le degré de chaleur; je ne fais que parler d'après ceux qui soufflent; et c'est entre nous.

FRANCOEUR.

Dites-moi, vous qui êtes un vieux militaire, dites-moi où nous en serions si, au moment d'une bataille d'où dépendrait le salut de la monarchie, les troupes du Roi refusaient d'exécuter les ordres de ceux que le prince a choisis pour les commander.

LE COMTE.

Sous les armes , obéissance passive ; mais en politique, examen , discussion , adoption libre de telle ou telle nuance d'opinions royalistes.

FRANCOEUR.

Aujourd'hui, monsieur le comte, la politique est aussi une guerre et une guerre à mort, où , pour vaincre , tout fidèle soldat du Roi doit être fermement de l'opinion de ses chefs. La vôtre me paraît bien chancelante.

LE COMTE.

Comment voulez-vous qu'elle ne soit pas ébranlée : j'aperçois dans les rangs de l'opposition les plus hautes capacités monarchiques. Voyez le feu président de la feue chambre. Vous ne pouvez douter de ses sentimens : il était déjà de la restauration sous l'empire ; cependant il a voté pour l'adresse.

FRANCOEUR.

C'est qu'il n'y a qu'un pas du fauteuil du président au banc des ministres , et qu'il a pensé que par son vote il allait tout à fait se rapprocher de ce banc-là.

LE COMTE.

Voyez encore ce génie littéraire et politique , ce monarchien selon la Charte, avec qui j'ai fait le voyage de Gand. S'il existe en France un type du royalisme, c'est lui à coup sûr; cependant je doute fort qu'il soit ministériel.

FRANCOEUR.

C'est que dans le quartier de l'Observatoire le type n'est pas tenu d'être ce qu'il était à l'hôtel de la rue des Capucines. [1] L'opinion déménage aussi; c'est tout simple.

LE COMTE.

Voyez si même en royalisme spirituel on sait à quoi s'en tenir. Vous vous rappelez avec quelle chaleur l'auteur de *la Monarchie française* a plaidé dans l'assemblée constituante la cause de la foi de ses pères; cependant un des écrits de ce royaliste et pieux défenseur donne aux apôtres de cette même foi le nom de parti-prêtre.

FRANCOEUR.

C'est que, jetant les yeux sur de hauts emplois et les voyant toujours trop verts, il s'est imaginé que *le parti* qui est *prêtre* les empêchait de mûrir.

LE COMTE.

Vous pensez donc que les opinions de ceux qui semblaient être des royalistes-modèles sont un thermomètre qui monte ou baisse, selon que leur ambition est satisfaite ou trompée?

FRANCOEUR.

Hélas! ils sont hommes. Tenez, faites avec

[1] Hôtel des affaires étrangères.

(14)

moi un calcul bien simple, puisqu'il s'agit de la plus courte des additions.

Posez d'abord . . . . . . *opinion*
Ajoutez . . . . *désintéressement.*

————————————

Total . . . . . . *conscience.*

Puis cherchant la preuve,
Posez aussi d'abord . . . *opinion.*
Ajoutez . . . . *intérét personnel.*

————————————

Total . . . . *mauvaise foi.*

LE COMTE.

Le calcul me paraît assez juste.

FRANCOEUR.

C'est dire que vous reconnaissez des aberrations intéressées où vous croyiez voir des principes, et que les vôtres ont repris toute leur fixité. J'en conclus que, bien pensant et désintéressé, vous agirez d'après le total de la règle en votant dans le même sens que moi, et je ne puis me dispenser d'emmener aux élections celui qui me fait l'honneur de vouloir que nos deux bulletins soient tout à fait semblables. Vite, l'habit de voyage, et partons.

LE COMTE.

Vous sonnez ?

FRANCOEUR.

J'appelle votre valet de chambre.

LE COMTE.

Oui, oui, mon valet de chambre. Je fais une réflexion. (*Au valet de chambre qui entre*.) Laissez-nous, Saint-Jean; je vous rappellerai.

FRANCOEUR, *après que le valet de chambre est parti*.

Monsieur Ducastel, j'étais votre ami d'enfance; dans les premières années de la restauration la la conformité de nos opinions, de nos sentimens resserra nos liens plus étroitement encore; mais votre apathie dans une circonstansce aussi importante pourrait bien les dénouer et pour toujours.

LE COMTE.

Songez, Francœur, que vous n'êtes pas encore anobli et que mon attachement vous honore.

FRANCOEUR.

Ah! quand vous me forcez à reconnaître la différence de mon zèle et du vôtre, si vous êtes comte, moi, fier de mon actif amour pour le meilleur des rois, dans ma juste exaltation, je me sens marquis, je me sens prince, et c'est moi qui vous honore de mon amitié.

LE COMTE.

Vous ne voulez pas m'entendre. Ecoutez donc; voici ma réflexion; cela va procurer en suffrages une ressource immense.

FRANCOEUR.

Et qui va produire un pareil effet?

LE COMTE.

La circulaire des directeurs généraux aux électeurs fonctionnaires publics. Dites-moi maintenant de quelle utilité ponrrait être le déplacement d'un goutteux....

FRANCOEUR.

Dont le vote, escorté du mien , ne serait pas resté en route, je vous en réponds.

LE COMTE.

Vous paraissez compter moins que moi sur le succès de la circulaire.

FRANCOEUR.

J'avais appelé votre domestique ; pourquoi le renvoyer ?

LE COMTE.

Songez donc que les fonctionnaires publics ne sont attelés au char de l'état que pour l'aider dans sa marche ; qu'ils y sont liés par un salaire.

FRANCOEUR.

Bien plus, par un serment ; mais la conscience !

LE COMTE.

Conscience et serment , c'est donc incompatible ? de deux choses l'une, ce me semble, ou suivre la direction que les rênes impriment, ou quitter le harnais. Il y va de l'honneur, il y va même de l'intérêt personnel ; car diverger, c'est tendre à verser, et verser c'est courir grand risque de périr écrasé sous le char.

FRANCOEUR.

L'intérêt, si souvent affublé du bandeau de l'esprit de parti, peut-il voir toujours juste? Malade imaginaire, les alimens qu'il convoite sont précisément ceux qui lui sont le plus contraires, et quand il en est ainsi, comment pouvez-vous répondre de l'utile influence de la circulaire sur l'esprit des gens à qui elle est adressée? Chez un certain nombre d'entre eux, d'une part je me plais à le reconnaître, et de l'autre je le dis sans m'en glorifier, chez un certain nombre, zèle comme chez moi; malheureusement chez d'autres goutte comme chez vous, et plus malheureusement encore chez beaucoup d'autres... Sonnez, sonnez votre valet de chambre.

LE COMTE.

Un hostile bulletin est une arme coupable; mais ne voter ni pour ni contre, cela se conçoit et s'excuse. Dans les circonstances critiques un vote peut compromettre.

FRANCOEUR.

Serait-ce votre cause que vous défendez là?

LE COMTE.

Ecoutez donc; on est prudent, parce qu'on craint de nouvelles révolutions.

FRANCOEUR.

Aveugle que vous êtes! préparez-les, monsieur, préparez ces révolutions à force d'indolence ou de pusillanimité. Elles vous réussissent bien! Où sont vos anciennes richesses et tous vos parens? Comptez nos princes : est-ce qu'il en reste encore trop à votre amour? Vous dont le cœur fut comme frappé lui-même du poignard de Louvel; vous qui à votre énergique douleur sentiez que vous étiez Français, dites, vous faudra-t-il encore, pour retremper votre royalisme, le sang d'une victime royale? Laissez, laissez venir un 20 mars; mais ne comptez plus sur un 8 juillet. Loin de la douce patrie où tout est miel, zéphir et azur, allez pour la troisième fois chez l'étranger mendier, sous la brume ou sous les vents d'orage, un pain noir et amer; parricidement apathique, allez-y, par un digne échange, prendre la place des régicides, et mourez-y, doutant avec effroi s'ils ne sont pas moins coupables que vous. Mais non; la révolution ne vous chassera plus. Si jamais cette hydre dont ses vieux amis caressent le cher fantôme, allait reprendre un corps, Sire, dirais-je au Roi, en me jetant à ses pieds, il fut un Maillard, un bourgeois assez heureux pour affranchir du joug populaire son prince, qui était un Charles aussi. Que Francœur, ô mon souverain! soit le Maillard de nos jours. Voyez rangés autour de vous tous ces autres bourgeois gémissant de n'avoir bien senti que vous étiez notre père qu'à l'heure de nos dangers et des vôtres. Pour en armer nos mains, redemandez, reprenez leurs épées à tous ces Ducastel, honte de leurs compagnons d'exil.

LE COMTE.

Francœur! Francœur!

FRANCŒUR.

Je vous quitte, monsieur. Dormez; les enfans et les femmes ont besoin d'un long sommeil. Dormez; sans vous nous sauverons le Roi; sans vous nous sauverons le seul fils qui lui reste, l'orpheline qui n'a vécu que pour porter le deuil, la veuve qui l'a pris un jour de fête, et l'enfant dont il couvrit le berceau; dormez tranquille : avec vos armes et par pitié nous vous sauverons vous-mêmes.

LE COMTE.

Ami, c'est trop m'accabler. Epargne un vieux guerrier qui, après tant d'orages, croyait pouvoir goûter enfin le repos à l'ombre des lis relevés.

FRANCŒUR.

Vous voilà prêt et sans le secours de votre valet de chambre. A la bonne heure! Mais la goutte?

LE COMTE.

Je ne la sens plus. Vous êtes venu à cheval, je voyagerai comme vous. Mettons-nous en route.

FRANCŒUR.

Et votre manteau? Il va pleuvoir, je crois.

LE COMTE.

Je n'en ai pas besoin.

FRANCOEUR.

Et ce vote qui peut compromettre?

LE COMTE.

Je montrerai mon bulletin à tout le collége.

FRANCOEUR.

A merveille !

LE COMTE.

Combien faut-il de temps pour s'y rendre ?

FRANCOEUR.

Deux heures à peu près.

LE COMTE.

Dites donc cinquante minutes. Oh! comme je vais vous faire courir ! à cheval ! à cheval !